নক্ষত্র বারতা

নক্ষত্র বারতা

ইউনুস

Nakshatra Barta
A collection of Bengali poems by Younus

প্রকাশক: শাম্তবী'র পক্ষে ভাস্বতী সেনগুপ্ত
এ-১০/১, অমরাবতী, সোদপুর,
কলকাতা-৭০০১১০
যোগাযোগ: thethirdeyeimprint@gmail.com

গ্রন্থস্বত্ব: ইউনুস ২০১৭
প্রচ্ছদ: বিতান চক্রবর্তী
প্রথম ভারতীয় সংস্করণ: মার্চ ২০১৭

মুদ্রণ ও বাঁধাই: এস. পি. কমিউনিকেশনস
রাজা দিনেন্দ্র স্ট্রিট, কলকাতা-০৯

ISBN: 97893-85782-72-5
বিনিময়ঃ ১২৫/- টাকা (ভারতীয় মুদ্রা)

আজকে প্রতিটি আবর্ত শুরু থেকে শেষ
তোমাকেই ঘিরে। নক্ষত্র বারতা ছুঁয়ে থাক
তোমাকে—
আল মহসিনা মোজাম্মিল।

যদি এভাবেই হয়ে যাই খণ্ড-বিখণ্ড,
মরচে ধরে যায় গোলাপে,
যদি গান ভেসে যায় টয়লেট ফ্লাশের শব্দে,
আর শব্দ কেড়ে নেয় ভাষা,
রক্ত ও মেদ মাখা সনেট হৃদয় আমার—
গহীন অরণ্যের কথা

কৃতজ্ঞতা

আশৈশব বেড়ে-ওঠা জীবনের প্রতিটি ছোট-বড় অভিজ্ঞতা, প্রশ্রয়-প্রত্যাখ্যান, প্রেম-ঘৃণা, আদর-বীতরাগ—এই সবকিছুই জুড়ে আছে নক্ষত্র বারতা'য়। আছে এযাবতকালীন পড়াশুনা, বিবিধ পুরাকথা ও পুরাণ, জীবনের সাথে বোঝাপড়া। আর, পরিবার ও বন্ধুবর্গ, শুভানুধ্যায়ীরা। শেষকথায়, যে মানুষটা আমার মতো রঙহীন গ্রহকে নক্ষত্র আলোকে পরিচিত করিয়েছেন, তাঁর কথা না বললে কৃতজ্ঞতা সম্পূর্ণ হয় না। ধন্যবাদ, কিরীটী-দা।

সূচীপত্র

প্রসব

কবিতা অনেক খুঁজেছি আমি, অলি-গলি পেরিয়ে কানাগলি, কানামাছি খেলেছি বিস্তর। ডাস্টবিন ঘেঁটেছি ঘেয়ো কুকুরের মতো। মর্গে দহনপুতো আমার কর্পূর সুবাস অথবা মত্ত রাত্রি হয়েছি টলমল। নিভাঁজ মরমিয়া সাধন নিয়ে গেছে পদ্মা পরপার। মধ্যে শবসাধক হয়ে খুঁজেছি কবিতা আমি অগাধ। মফঃস্বলের ছোট নদীর ঢেউয়ের তাল, একমাত্র টিলাকে পাহাড় বলার স্পর্ধা, সাইকেলে চষে ফেলা পাড়া-বেপাড়া, মেয়ে স্কুলের সামনে ক্রিং-ক্রিং রব তোলা, কোচিং ক্লাসের হুড়মুড় কৈশোর, পেঁয়াজের খোসা তোলা। এমন ঐতিহ্যের মুগ্ধ খোঁজ হাঁটিয়েছে অক্লান্ত মিছিলে। দেখেছি পদক্ষেপে কবিতার গর্ভবেদনা। ভোরের চোখ খোলা আকাশের কপালে সারাটা দিনের ভবিতব্য লেখা।

জুম্মাবার

যে সব শুক্রবার স্কুলে ছুটি থাকতো, আমরা বন্ধুর দল একসঙ্গে মসজিদে জুম্মার নামাজ পড়তে যেতাম। বন্ধুরা মানে আমি, সন্টু, টিটু, গোলাপ, স্বাধীন, রাহুল, বুলান—এরা আর কি! যখন বড়রা সামনে বসে সুন্নত নামাজ পড়তেন, তখন পিছনে আমাদের চলতো প্রবল ক্রিকেটিয় তর্ক। ফরজ নামাজের প্রতিটি ক্রিয়া বড়দের দেখে নকল করতাম। কারও একটু কিছু ভুল হলেই আমরা হো-হো করে হেসে উঠতাম। নামাজ শেষে বড়দের চাঁটি, কানমলা প্রায়ই বরাদ্দ ছিলো আমাদের। আজও অবরে-সবরে মসজিদে যাই। ছেলেবেলার কথা মনে পড়ে। আজকে আর কেউ আমাকে বকে না। ভুল-চুক কি হয় না আর?

বড় হওয়া

তখন আমি ক্লাস থ্রি বা ফোর-এ পড়ি। ভীষণ রোগা, হাড্ডিসার চেহারা। জোরে হাওয়া দিলে উলটে পড়ব এমন দশা। সে সময় ছিল পাড়া কালচার। ছোট বড় সবার সঙ্গে ছিল বন্ধুত্ব, ছিল মারামারি। মারামারির সময় যে পারত আমাকে পিটিয়ে চলে যেতো। আর মার খেলেই কাঁদতে কাঁদতে আমি আমার দাদার কাছে চলে যেতাম, দাদা তখন ১৬-১৭ বছরের। পাড়ার বলশালী ডাকাবুকো ছেলে হিসেবে দাদার নাম ছিল। তো, দাদার কাছে যেতেই, দাদা শুধু জেনে নিত কে বা কারা আমাকে মেরেছে। তারপর ঠিক তাদের খুঁজে বের করত। এরপর ছিল শাস্তির পালা। কিল, চড়, কানমলা- কত কিছু। এ সব চলতেই থাকতো যতক্ষণ না আমি দাদাকে থামতে বলতাম। তারপর বারোমেসে অসুস্থ শরীর আর ফোকলা দাঁতে হাসতে হাসতে দাদার হাত ধরে বাড়ি ফিরতাম। আজ কয়েক যুগ পরে অনেক নদী-নালা পেরিয়ে এসেছি। মার খেয়েছি, খেয়ে চলেছি সমানে। ফারাক শুধু এটুকুই—এ মারের

দাগ দেখা যায় না। দাদাও আর প্রশ্ন করেনা, “কেউ মেরেছে তোকে?” কারণ, অনেকদিন আগেই দাদা জেনে গেছে, ভাই আমার অনেক বড় হয়ে গেছে।

শিক্ষক দিবস

সে অনেক আগের কথা। বর্ধমান থেকে শাহাযাদপুরে নানির বাড়ি যাওয়ার মেলা ঝক্কি ছিল। দুবার বাস বদলে পুরসুরি, তারপর গরুর গাড়ি। গাড়ি চালাত সানোয়ার মামা। আমরা, কাচ্চা-বাচ্চাদের প্রবল আগ্রহ ছিল সানোয়ার মামার সংগে বসে গরু ডাকানো। বাকি ভাইদের পাত্তা না দিলেও মামা কোনও এক কারণে আমাকে একটু বেশিই ভালবাসতো। কাজেই ধীরে ধীরে আমিও শিখে গেলাম কি করে গরু ডাকাতে হয়। বহু অভিভাবকদের ধারণা ছিল এই শিক্ষাটিই একমাত্র আমার কর্মজীবনে কাজে আসবে। অভিভাবকদের একশ শতাংশ ইচ্ছেপূরণ হয়নি, কিন্তু আমার কিছুটা হয়েছে। জানি না, আজ ৩০ বছর পর সানোয়ার মামা কোথায়। কিন্তু সেদিন মামা আমাকে গরুর গাড়ি চালানোর শিক্ষা দিতে এক শতাংশও অসততা দেখায়নি। আজ দু'কুড়ি বয়স পেরিয়ে কেবল এই একটি চেষ্টাই করছি, করে চলেছি। আজ শিক্ষকদিবসে

আমি আমার সমস্ত শিক্ষকদের সঙ্গে সঙ্গে সানোয়ার মামাকেও প্রণাম জানাই।

আমার রোজা

রোজার কথা উঠলেই ছেলেবেলার অনেক কথা মনে পড়ে যায়। বয়েস তখন ৬ কি ৭ হবে, খুব জেদ ধরেছি রোজা রাখবই, কিন্তু মা যুক্তিসঙ্গত কারণেই রাজি নয়, আর আমিও নাছোড়বান্দা। আসল কারণ অবশ্যই সেহেরি খাওয়া। যাইহোক দাদার মধ্যস্থতায় স্থির হল, যদি উঠতে পারি তবে সেহেরি খেতে পাবো। সেসময় তো মোবাইল অ্যালার্ম ছিল না, ঘড়িই ছিল অল্প। আর গ্যাস চুলো, মাইক্রোওয়েভ মধ্যবিত্ত ঘরে অতি দূরের কল্পনা। তাই মুসকিল আসান হিসেবে হাজির হত একদল মানুষ, যারা গানের সুরে সবার ঘুম ভাঙাতেন। তেমনই একদল ঘুম ভাঙানিয়া যখন ডাক দিয়ে যাচ্ছিল, আমার ঘুম ভেঙে যায়, সঙ্গে সঙ্গে দাবী পেশ— আমি সেহেরি খাব। দাদা কানে ফিসফিস করে বলে ওঠে, "পাড়ায় ডাকাত এসেছে, ঘুমিয়ে পড়", আমিও সেকেন্ডের মধ্যে ঘুমে কাদা।

আমাদের পাড়ায় আরও একজন ঘুম ভাঙানিয়া ছিল। সে কোথায় থাকতো, কোথা থেকে আসতো, কেউ জানত না। কিন্তু মানুষটা ছিল পাগলাটে। কেউ কোনও প্রশ্ন করলে অসংলগ্ন উত্তর দিত। তার একটা বিশেষ স্বভাব ছিল, ইংরেজি কথা বলা। প্রথম রোজা থেকেই সে আমাদের মসজিদে নিজের জায়গা করে নিতো। আর মাঝরাত থেকে একটা লণ্ঠন আর লাঠি নিয়ে সে হেঁকে বেড়াত—Boys are woke up, stand up, sitting, eating... ঈদের আগে সবাই তাকে কিছু টাকা, জামাকাপড় দিত, আর সেসব নিয়ে সে বিদায় নিত আর একটি বছরের জন্য। ঠিক পরের বছর প্রথম রোজার সেহেরির আগে আমরা শুনতে পেতাম—Boys are woke up, stand up, sitting, eating... সবাই বলত খ্যাপা এসে গেছে। কত বছর হয়ে গেল—কত রোজা পেরিয়ে এলাম, ঘুম ভাঙানিয়াদের ডাক আর শুনতে পাই না।

শৈশব

আমার বয়স তখন ৭ কি ৮ হবে। থাকতাম বর্ধমানের লস্করদীঘিতে। বাড়ির পাশে ছোট্ট মাঠ, আর তার ধারেই বড় পুকুর। নাম চাঁদনী ঘাট। অবশ্য কোন সে চান্দের আলোয়, কে সেই রসিক যে এমন নাম রেখেছিল তা আমাদের জানা ছিল না। বছরের বেশিরভাগ সময় তা পানায় ভর্তি থাকতো বলে আমরা ওটাকে পানাপুকুর নাম দিয়েছিলাম। একদিন পুকুর পাড়ে খেলতে গিয়ে বল পড়ল পুকুরে। বল খুঁজতে পুকুরে নামলাম। পায়ে ছিল নতুন হাওয়াই চপ্পল। পুকুরে নামতেই পাঁকে পা গেল ফেঁসে। বল তো পেলামই না, সঙ্গে চপ্পলজোড়াও গেল। খুব কেঁদেছিলাম। আজও কখনো কখনো স্বপ্নে সেই চটিজোড়া আমি খুঁজে ফিরি। পাই না।

আপতকালীন বন্ধুকে

১

ক্ষীণাঙ্গ ছেলেটি শব্দ তৈরি করছিল। তৈরি শব্দগুলি পরস্পর আত্মীয়। আর স্রষ্টা ছেলেটি তাদের এক-একটাকে জুড়ে একটা লম্বা রেললাইন তৈরি করল। ঝিক্‌ঝিক্‌ শব্দে কান ঘেঁষে একঘণ্টার পথ এক মিনিটেই শেষ করে ওরা পাখি হয়ে গেল। তুতান করিডোর বেয়ে নামতেই কাঁধে বসা। কাঁধ ঝাঁকিয়ে হেসে ওঠে তুতান। বল পাখিকথা। পাখিকথা হয়ে যায়। ছুঁয়ে যায় সমস্ত তুতানকে। লাটিমে বাঁধা ছেলেটি তখন আকাশে উড়ছিল। সূর্যমুখী ঘুড়িটা ঘাড়ে কোপ দিতেই মাথা উঁচু করা। ভো-কাট্টা। জিতে গেছে সে। তবে বড় ক্ষত-বিক্ষত। যুদ্ধজয়ের শেষে জুলফিকরকে ছেড়ে আসে সেখানেই। ঘুম পায়, বড্ড ঘুম। জন্মদিনের সেই আঁচল ঢেকে দেয় তাকে। শব্দ করে আয়োজন চলে কবর খোঁড়ার। শব্দ তুলে তুতানের মিষ্টি হাসি ছড়িয়ে পড়ে করিডোরে... রাজপথ... কবরখানা... হাড় ও পাঁজরে...

২

উৎসবের গন্ধে কেঁপে ওঠে বুক। একটানা ধড়ফড়
শব্দ তোলে। চুপ হয়ে মিশে যায় উৎসবে।
পুরোটা হারিয়ে যেতে যেতে আবিষ্কার করে
এখনও ঝড়ে পাতা পড়ে, মাথা নড়ে। ইচ্ছে হয়
ভীষণ কিছু একটা করতে। বাসরুটে শুয়ে পড়তে
অথবা ভাংড়া। ডানা সংকুচিত হয়। বসে পড়া।
গতবার উৎসবে এমনই একটা ভয়ঙ্কর মিষ্টি
আবেশ খেলেছিল নিতান্তই এক ছেলেখেলা।
বলেছিল, এ লড়াই তোমার-আমার। ভীষণ ইচ্ছা
হয়েছিল সেদিন—ঐভাবে নিজেকে চিরেচিরে
প্রত্নবিন্দু পর্যন্ত উপভোগ করতে। হঠাৎ সেদিন
জঙ্গলে হাঁটতেই খুঁজে পাওয়া গেল তিন পাতা
চার্ট—ওদিনের দমকা বাতাস যাকে ছিটকে
দিয়েছিল। বড্ড অপ্রাসঙ্গিক ছিল ওর উপস্থিতি।
এদিন ধুলোমাখা ঐ কাগজখণ্ডে মুখ ঢেকে শ্বাস
নিতেই ছেলেটাকে ভিজিয়ে দেয় ঝপ্‌ঝপ্‌ বৃষ্টি।
কাগজ পর্যন্ত। কাকভিজে হয়ে বেঙ্গল ল্যাম্পের
গেট পেরতেই ইচ্ছা করে পুরোটা মাতাল হতে,
একদম পুরো বর্ষা জুড়ে।

৩

টুক শব্দে খসে যায়। বোঁটা থেকে পিছলে পড়ে পাঁচটা বছর। আর কুড়ি পেরিয়ে যেজন চায় স্মৃতির উড়নি আঁকড়ে ধরতে, দেখে পুকুর জল। এপাড়ায় এখনও কালের গালে থাপ্পড় কষে কোকিল ডাকে। ছলাক শব্দে নারকেল জলে পড়ে। মাছেদের সেকি আমোদ-হুড়োহুড়ি ঐ নারকেল ঘিরে। ঠিক সেইরকম যখন ছেলেটি নানার সঙ্গে খারুই হাতে দৌড় দিত মাছের ভাগ আনতে। অথবা বিলের জমিতে মুনিষদের সিদে নিয়ে আল ভাঙতো। এসব কি মুছে দিতে পারে কোনও বাঁকা চোখ বা দূরভাষ? ঐতো সেদিন ঝুঝ্‌কি থাকতেই গাড়িতে ওঠা। জোরসে গরু ডাকানো। ভোরের বাস ধরতেই হবে তবেই পৌঁছানো যাবে ঠিক সময়ে। ছেলেটি ঘন হয়ে আসে মায়ের কাছে। আজও যেমন যুদ্ধে যাওয়ার বয়সে নিরাপত্তার তল্লাস মায়ের অস্তিত্বকে ঘিরে। বলে সানোয়ার মামা—"চিন্তা লাই, পৌঁছে যাবা"। ঠিক পৌঁছে যায় বাসস্টপ। যেভাবে সুর তোলে সানোয়ার মামা তার লম্বা বাঁশিতে। ভাই বলেছিল, ও বাঁশি বাজিয়ে মাঠে পরী নামায়। এক কুড়ি পেরনো ছেলেটির ইচ্ছে করে ব্যাকরণ না-জানা ঐ

সুর আবার শুনতে। রাতের ট্রেনে যেতে যেতে ইচ্ছা করে ধেনো জমি লক্ষ্যে ঝাঁপিয়ে পড়তে। নিশ্চয় এমাঠে আজও পূর্ণিমায় পরী নামে বাঁশি শুনতে, দুধপুকুরে চান করতে। পরীরানী তার পাখাদুটি পাথরে রেখে শরীর ভাসায় ঠাণ্ডা জলে। ইচ্ছে করে অভিশপ্ত পাথর হয়ে ঐ মাঠেই শুয়ে থাকতে কলি পেরিয়ে আবার সত্য, ত্রেতা, দ্বাপর... তরল শব্দ ওঠে তার গলা বেয়ে—শাপমুক্ত করো না... রোজ এসো... ভালবেসো না... ভুলে যেও না...

এমন কথা

১

তুমি বললে সমস্তটা চলে রেখাপথ ধরে। নোনা স্মৃতির পায়ে নীল ঝাপটা লাগতেই পুরোটা তরল। আসলে কোনও মনে পড়াই বোধহয় দেহধারী নয়। যেভাবে ভাবতে শিখেছে শৈশব। ঐতো প্রথম সেদিন রাতপোষাক। ঘুম ঝড়া চোখে চুলের গোছা বুকেতে রাখলে। তারপর পোষাক শব্দে টাওয়ার অভিযান।

২

আমার এক খেয়ালি বন্ধুর একদা এক টিয়া ছিল। যেসব রাতে আমরা হুল্লোট মদ্যপ হতাম, ওর জন্য বরাদ্দ থাকতো পেয়ালা। খবর পেলাম, ঐ মাদী টিয়া নাকি অ্যাসাইলামে।

৩

আমার চার ফুট উচ্চতার বয়সে আমি নিয়ম করে মিলাদ শুনতে যেতাম। তালপাতার চাটাই-এ বসে ইমামসাহেব যখন দোয়া পড়তেন, আমিও সবার সঙ্গে সুর মেলাতাম—"ইয়া নবী সালামালাইকা..."

৪

প্রতিটি জাগরণ মুহূর্তেই আমি দৌড় দিই।
মাঝরাতে বাঁশির শব্দে—রেডি, অন ইওর মার্ক...
সেট... গো... সময়খণ্ডের দরবারে নতজানু আমি
হাত জুড়ি—"অপরাধ নেবেন না, কর্তা"।
অর্কিডদের কেউ কেউ নাকি উড়তে জানে।
খণ্ডসারণি জোড়া সহপোড়রা বলে এমনই বর্ষায়
আমি পাগল হই।

৫

খবর আছে, বোকা উমরাওজান না কি
পাগলাগারদের টব ভেঙেছে বলে ওখানের
লোকজন ওকে বেদম পেঁদিয়েছে। আর কাঁহাতক
সহ্য করা যায়, এই সব দুপুর রাত আর লম্বা
সময়? দুস্কু কর না, সোনাবৌদি, তোমার যন্তন্না
আমরা বুঝি। তবু আজও, দৌড়ঘোড়ার জিন
হাতে বাপের বাড়ি গিয়ে যখন আমি দাদুর চেয়ারে
বসি, তখন রীতিমতো আকাশকে সম্ভোগ করার
বল আমার রক্তে।

৬

কেন জানি না, কালো বেড়াল বড্ড ভয়ের।
সংস্কার বুঝি? হয়তো বা। মাথা জোড়া
স্যাটেলাইট। বেশ রাত্রি করে হাঁটতে বের হই
একা একা... চুপসাড়ে। খোঁজ হতেই সারা ব্রীজ
জুড়ে সার্চলাইট আমাকে পেল সব্বার সঙ্গে। তবে
যে তুমি বলেছিলে, কোনও এক একলা দুপুরের
মনখারাপ হব আমি...

জীবন এভাবে...

১

জীবন এসে বলল যখন – চল, পা'তো তার ছিল খোলা,
আমন ধানের স্পর্শ রক্ত-রঙা; মাটি এখনও হয়নি রজঃস্বলা
শববস্ত্র হাওয়ায় উড়িয়ে স্পর্শসুখ চেয়েছিল ধানক্ষেত
মাটি মন্থনে ওঠা এ কোন বিষ, জীবন, এমন কথাতো ছিল না!

২

'সুখে থেকো তুমি' সহজিয়া কথা, যেমন বলেছিল নারীপুরুষে
'সুখ কি এমনই সহজ' – রাতজাগা ঘড়ি সাক্ষী থেকো।
রইল কুণ্ডলীকৃত ধোঁয়া ও রইলে তুমি, ক্লান্ত বিছানা

রাত্রি কোনও সুখ ছাড়া নয় – সুখের কথা কেন
যে বল।

৩

এক প্রার্থনা হাত উপরে তোলে, এক প্রার্থনা হাঁটু
মাটি ছোঁয়,
ঈশ্বর আমার, জীবন আমার—একাকার করে নাও
আমাকে এবার।
এক প্রার্থনা দুঠোঁট কাঁপা, এক প্রার্থনা স্পন্দিত
বুক,
জীবন পিষে ফেল আমাকে, এ হত্যার কথা
পুলিশে জানবে না।

৪

পাগল হওয়া এমনই সহজ? বললেই হল? তা কি
করে হয়?
সবকিছুরই এক নিয়ম যে আছে। ভালোবাসতে
হবে সীমাহীন।
পদেপদে বাঁ'বুকে পেরেক বিঁধিয়ে চলতে হবে
বেশি না এই বছরখানেক।

হেসো না, জীবন, এভাবে হেসো না, পাগল বলে
কি আমার অভিমান হয় না?

৫

আমার শৈশব পাড়ার বকুলদিদি সবচেয়ে বেশি
ভালবাসত বলে,
তার পুতুলবিয়েতে সবাইকে ছেড়ে আমাকে
বেছেছিল বরকর্তা। জানো, বকুলদিদি,
আজ অনেক পাড়া ঘুরে, অনেকদিন পরে বর
সেজে, কর্তা হয়ে তারপর
কেমন যেন পুতুল হয়ে গেছি!
ও বকুলদিদি, জানো, পুতুলেরও কষ্ট হয়...

৬

যদি এভাবেই ইচ্ছে মতো উড়ে যেত মাথার খুলি,
যদি এভাবেই বুকে কাঁটা, হাঁটুতে কাঁটা, হেঁট
মুণ্ডু...
যদি এভাবেই কন্ধকাটা হয়ে মাইল-মাইল হাঁটা,
যদি এভাবেই টুকরো হয়ে আকাশে উড়ে যাওয়া।

যদি এভাবেই মগজে কার্ফুজারি করে বসে থাকা,
যদি একথা ভেবেই জীবন দিয়েছিলে তুমি
তবে অভিযোগ নয়, হাসিমুখে মেনে নেব সব
ব্যথা।

ইঁদুর

ভারী বিব্রত করে আমাকে। একটি ইঁদুর। মাত্র একটিই ইঁদুর। নেহাতই নেংটি। যখন আমি বসে থাকি সে আমার দু'পায়ের ফাঁক দিয়ে গলে যায়। দ্রুত। সন্ধ্যা ঘনালেই রান্নাঘরের গোছানো বাসনকোসন থেকে হঠাৎ আওয়াজ ওঠে — ঝন্-ঝন্। সেই ইঁদুর, সেই নেংটি। আমার খোলা আলমারির নিচের তাকে ডাঁই করা একরাশ বই ছিল। তাদের কয়েকটি কুটিকুটি করে কাটা। শতচেষ্টাতেও সেই ইঁদুরের দেখা মেলে না। আমার ছেলে, বউ, কাজের দিদি, তিনটি ছাত্র ও আমি। তন্নতন্ন করে খুঁজেও তার লেজের হদিস পাইনি। অথচ তাকে হত্যা করার জন্য আদিম ইঁদুরকল থেকে আধুনিক আঠাবই ভায়া বিষ প্রয়োগ... সবরকম চেষ্টা করলেও কোনও সাফল্য পাওয়া যায়নি। প্রতি সকালেই ঘুম থেকে উঠে দেখি— মেঝেতে মাছের কাঁটা, উল্টানো হাঁড়ি, গামছার ছেঁড়া কোণা । এসব কিছুই তার বেঁচে থাকার প্রমাণ। অথচ তাকে দেখা যায় না। ভারী

বিব্রত আমরা সবাই। বড্ড ঘেন্না হয়। বড়
অসহায় বোধ করি। তবু রাত্রি ঘনালে যখন আমি
নিয়ম করে বাঁচার জন্য ওষুধ খাই আর ইঁদুর
মারার জন্য বিষ ছড়াই তখন মনেমনে একটিই
আশা করি— ইঁদুরটা যেন কাল সকালেও বেঁচে
থাকে।

ফাল্গুনের পাখিরা

ফাল্গুনের পাখিরা মিছিল বোঝে না, শস্য বোঝে।
বসরার গোলাপবাগান বোঝে বোমারু বিমান।
আমের মুকুল থেকে বোল আর ক্রমে ফল— এই
সার সত্য জেনে, প্রিজারভেটিভের সোনালী রঙে
স্যাকারিন মেখে আম হয়ে পড়ে কখনো ইউরো
আবার কখনো পাউন্ড। আর এভাবেই বাজারের
থলে হাতে কেষ্টবাবু দৈনিক সজ্জীর দর এককুড়ি
থেকে পাঁচকুড়িতেও তল পায় না। থলির আয়তন
ছোট থেকে আরও ছোট হয় ক্রমে— ফাল্গুনের
পাখিরা দানা খুঁটে নেয় জমি থেকে। দলে থেকেও
তারা পেট বোঝে, বোঝে ব্যক্তিগত বাঁচা-মরা।
আর অবেলার গোলাপ এসেন্স সুন্দরী হয়ে গভীর
রাত্রির বাসর সাক্ষী হয়। স্বাতী নক্ষত্র দেখে যে
যুবক বশিস্ট প্রতিজ্ঞা করেছিলো একজোড়া
উজ্জ্বল নক্ষত্রের জন্ম দেবে বলে, তার চোখে
দূরবীন ক্রমে উলটে যায়। দূর থেকে আরো দূরে
সরে যায় নক্ষত্র। সকালের তীব্র আলোয় এখন
ফাল্গুনের পাখিরা দানা খোঁজে, জমি থেকে জমি।
জমা করে ব্যক্তিগত সঞ্চয়ের ভার।

ওড়া

ময়ূরপঙ্খী আমার পছন্দের, বড় প্রিয়। ছোটবেলায় ঘুমঘোরে আমার ঠিকানা ছিল এক ময়ূরপঙ্খী পালঙ্ক। তার বয়স ছিল অবন ঠাকুরের সমান। এক একটি পূর্ণিমা যখন বর্ষাভিসারীর মতো বিছানায় উপচে পড়ত তখন সেই পালঙ্ক আমাকে নিয়ে হেলতে দুলতে আকাশের দিকে উড়ে যেত। মুঠো মুঠো মেঘের হোলি খেলতে খেলতে সোজা পৌঁছে যেতাম চাঁদের হান্কা দেশে। তখন চাঁদমামা আমার হাতে দিতো কাঠি লজেন্স। আর চাঁদের বুড়ি হামানদিস্তা-ছাচা পান। সেই নিয়ে লাফাতে লাফাতে ময়ূরপঙ্খীর পিঠে চড়ে ফিরতাম আমার আস্তানায়। আজও হঠাৎ চমকে উঠে শুনি ঘোষিকার হাওয়াই বার্তা-"কৃপা আপনা কুর্সিকা পেটি বাঁধ লে, বিমান উতরনে বালি হে"। মাটির স্পর্শে আমি কেঁপে উঠি।

ভয়

পাখিদের জীবন পছন্দের হলেও নিরাপত্তা আমার কাঙ্খিত ধন। তাই নিয়ম মেনে চলি। সরলরেখায় পথ খুঁজে নিই। আশৈশব তাগা-তাবিজে লালিত যৌবনও ক্লাস নোটস, আর টেক্সটবইয়ের ভাঁজে নিশ্চিত করেছে সরকারী চাকরি। ছোটবেলার মিহি সুতোর বাঁধন সময়ের সঙ্গে আরও গাঢ় হয়েছে।

জানেন, উপরকর্তার উপর আমার প্রবল ক্রোধ। ইচ্ছে করে, একদিন সুযোগমতো মওকা পেলে... সার্ভিসবুক আর প্রমোশনের কথা ভেবে তাকে মাফ করে দিই।

পৌষের সন্ধ্যায় হাতে হাত রেখে সুমিত্রা বলেছিল, "ফাল্গুনে আমার বিয়ে। ছেলেটি ইঞ্জিনিয়ার"। আমি সেদিন ভ্যাবলার মতো বাড়ি ফেরার কয়েক বছর পর শুনি ওর মেয়ে আমায় মামা ডাকছে।

স্বপ্ন ছিল, একদিন বিদিশাকে বাইকের পিছনে বসিয়ে ফোর্থ গিয়ারে চালাবো। বিদিশার অডি গাড়ি আজ শারজার রাজপথে বিহার করে।

বাসস্টপে দাঁড়িয়ে কতো বার মনে হয় ছেলেবেলার মতো রাস্তায় হিসি করি। পারি না আর কি!

মাইরি বলছি, বিশ্বাস করুন, আজ সরকার চাইলে, ডি-মনিটাইজেশনের দশটা ফায়দাও আমি গুনে দিতে পারি।

সংলাপ

আপনি কেমন আছেন? – ভালো।

একটু চা দিই? – না, ধন্যবাদ।

কী ঠাণ্ডা পড়েছে, না? – সত্যি, যা বলেছেন।

আপনার শাড়ির পাড়টা কী সুন্দর! – যাহ! মিথ্যে
কথা।

আপনার মেয়েটি একটি রত্ন। – আপনাদের
আশীর্বাদ।

—সব সংলাপই তৈরি। সবই পূর্বপরিকল্পিত।
কেবল কপি আর পেস্ট। মিথ্যার কারুকাজ,
যথাযথ। তলপেট ঠাণ্ডা হয়ে আসে। কোনও
কোনও মানুষ চানঘরেও কাপড় খুলতে ভয় পায়।

প্রিজম

তেলে-জলে তৈরি জীবন যেন ডিমের মধ্যে
কুসুম। চারদিকের টাল সামলাতে সামলাতে
প্রাণের কথা বলে। আমি পথে-ঘাটে নিষ্পাপ
মৃত্যুকে দেখেছি বহুবার। শিমলার অদূরে
নারখান্দা যাওয়ার প্রতি বাঁকে প্রাচীন গাছেদের
আড়ালে কী গভীর মমতায় খেলা করে বিবাসনা।
দেখেছি শৈশবের পুকুরে ঘাই মারা রুপালি মাছের
দল পরম বিশ্বাসে বুক পেতে দেয় কাঁটারূপী
নির্বাণে।

দিদির মৃত্যুর বছর আমার বয়স ছিল নয়। আমি
ছয়দিন স্কুলে ছুটি পেয়েছিলাম। আর সিরিয়ার
উদ্বাস্তু শিশু আসাদ জানতেই পারেনি, কেন সে
মৃত। অথচ প্রতি বছর নোবেল শান্তি পুরস্কার
ঘোষণা হয়। কিন্তু একদিন তাও অতীত হয়।
প্রজাপতির জীবনের অভিলাষ আমাকে
শুঁয়োপোকার রূপ দিয়েছে। একদিন গুটি বাঁধবই।
মৃত্যুর আগে বেঁচে নেব একটা পুরো জীবন।

সহজ সংবাদ

গল্পটা ছিল উড়ুক্কু। সেই যে আকাশপথে ছেলেটা গান বিছিয়েছিল। ইড়া পিঙ্গলা বলেছিল, "কবিতা যাও, তুমি"—তারই গল্প। গল্পটা কখনোই সবুজ ছিল না। ডালপালা-পাতা কিছুই ছিল না, তবুও তা উড়েছিল অনেকটা। প্রজ্ঞা বলেছিল, উপায় আমার, সত্যি করে বল কথা। আসলে গল্পটা ছিল সহজ, এক্কেবারে সহজ। আর যারা যারা গল্পের ছোঁয়ায় পথ হয়ে উঠেছিল—তারা সবাই অলীক। বলল নারী, এমন কথায় কষ্ট হয়। বলে, আনন্দ বুকে বাজে ভীষণ। যন্ত্রণা ওঠে মনেমনে। দেহ-ই মন। নাই-ই সত্য। সত্য সহজ। বল সাঁই, তবে কেন জলে ভেজা বাতাস? কেন চোখে-মুখে লবনের ছোঁয়া? কাঁদো কেন তুমি? সহজ বলে? পুরোটা ঝড়ে যাও। বন্ধু আমার, সুজন আমার, পথটা আলো বাঁধানো আর মায়াবী সমস্তটা। মায়াবী কেমন করা মন, মায়াবী চপ্পল—ঐতো নদী। তবে কাঁদো তুমি। ভরে তোলো। মনে আছে, নখ খুঁটে বলেছিল প্রজ্ঞাসুন্দরী, কেন কষ্ট দিস নিজেকে? সেই সব ভয়াল আঁধারী দুপুর

জড়িয়ে ধরে বলে, "এমন কথা বলতে আছে?" তবে বল, কোন সহজ কথা আমি? অথচ ঝর্ণা তোমাকে জুড়ে, তুমি দূরভাষ হয়ে ওঠো। অন্ধকার জুড়ে তোমার আয়োজন। সহজ কি ছিল না মুহূর্ত—যখন সময় আমাদের জলরঙ, আবেগ কাঁদন। আজও তো সেই সত্য কেঁদে বেড়ায়... অলি-গলি। বল কথা, নারী... সহজকথা।

দলছুট

যদি বলি বর্ষা নামবে আজ। যদি বলি আমাদের সপ্তগ্রামের বিলের জলধোয়া মেঘ থেকে বৃষ্টি ঝরবে। বিশ্বাস করবি? এতোটা ভরসা আছে আমার উপর? যদি বলি কাঁধে মাথা রাখ। তোকে বিশ্ব দেখাবো। আস্থা আছে? তোদের হাইরাইজের ব্যালকনিকে মেঘেরা ভয় পায়। যদি ধাক্কা লেগে যায়। তবে তো বৃষ্টির বদলে কান্নাই ঝরবে চোখ থেকে তখন। কি করে সইব, বল? তার চেয়ে বরং অন্য কথা বলি। যেকথা একান্ত নিজের। রাত্রি ঘনালে পরে যেকথা একক মানুষের মাথার মধ্যে ঘুরপাক খায়। প্রকোষ্ঠ থেকে প্রকোষ্ঠে। কণা থেকে কণায়— এই কথাই তো বলতে চেয়েছি তোকে, সারাটা সময়রেখা ধরে। কিন্তু বৃষ্টি আমায় ভিজিয়ে দেয়, তারারা করে ঊর্ধ্ববাহু। তবে কখন বলব তোকে কথা? তোদের বহুতল ফ্ল্যাটবাড়ি আমার চোখে ধাঁধা ধরায়। ঝাপসা হয়ে যাই আমি। অথচ তোকে বলার ছিল কতো কথা। বলার ছিল, মেঘবালিকা হয়ে ভাসবি আমার সঙ্গে? কেন যেন দলা পেকে

যায় সব। তোর ব্যস্তসমস্ত দিন ঘড়ির কাঁটায় মাপা। আমি দলছুট। অবিন্যস্তের এপিট্যাফ। কেবল এক একটি রাত্রে ঘুমের মধ্যে যখন তোর চোখের জল বালিশ স্পর্শ করে। ইচ্ছে করে আমার তারার দলের সঙ্গে তোকেও ডেকে নিই খোলা মাঠে। বলি, "খুব যন্ত্রণা হয়, নারে?" আর তারপর ঝোল্লাবাজি খেতে খেতে হারিয়ে যাই কোথাও একসঙ্গে। যে খেলা খেলেছিল শৈশব।

তারাদের কথা

রাত্রি গভীর হলে তারার দল মিছিল করে আসে। আমার ক্লান্ত ঘরের বরগার দড়ি বেয়ে তিনতারা, দুইতারা, একতারা—বুকের ভিতর খেলা করে চলে; শোণিতে ও মজ্জায়; যেভাবে চাঁদবেনে গাঁঙুড়ের তীরে নৌকা সাজায়। আমার স্বপ্নভেদী মন ডুবে চলে গহন ডুবুরির মতো; আঁধার সমুদ্রে তারার খেলা। ফানুস সুন্দর বলে রঙবাতি জ্বেলেছিল যে কিশোর অথবা বসন্তের বনে অর্কিড হওয়া যৌবন—তারারা চিররঙিন এই বিশ্বাসই ছিল। তাইতো দেহময় তারার খেলা চোখের কাজল থেকে উছলে পড়ে হয়েছিল বিবাগী। রাত্রি গভীর হলে দেহ থেকে দেহে সংক্রামিত রমণ— তারার কথা বলে। স্তব্ধ পথে আমার অবিন্যস্ত চারপায়া কোনও শেষ কথা নয়। কেননা তারারা এমনই উজ্জ্বল, এমনই টোপা হয়ে ঝরে। তারপর গোল্লা থেকে দলছুট। মাথার ছাদ উড়িয়ে দিয়ে সমীকরণের সহজ শর্তে দেহকে ঊর্ধ্বগামী করে। যে দেহ তারায় আঁকা, তারা দিয়ে গড়া।

তোমাকে

এতো ভালোবাসা বেসেছিলি কেন? কোজাগরী পূর্ণিমা রাতে; প্রকৃতি যখন ঈশ্বরের মায়াকানন, ঘাই হরিণী হয়ে ডাক দিলি অভিসারে। খাণ্ডব দহন হলে কুন্তল-কবচ বদলে গেলো অঙ্গরাগ-লোধ্র রেণুতে। মরকত বীণে এ কোন জোগকোষ বাজালি তুই মর্মরে মর্মরে? অহল্যার সঙ্গে জীবন বদলে কী লাভ হল, বল? পাথর হয়ে গড়িয়ে গড়িয়ে শ্বেতকেতুর হাতের মূর্তি; পাথরের প্রাণ নিয়ে চেয়ে থাকি প্রেম পাব বলে... চুম্বন, আলিংগন, দেহদান— এসব কি কেবল বিলাসী নাগরের ধন? হস্তিনাপুর থেকে তাম্রলিপ্ত; অথচ আমরা যাদের তলোয়ার নেই, নেই ভল্লা-খঞ্জর, বল, অধিকার নেই প্রেমে? তবে যে কৃষ্ণাদ্বাদশীর রাতে বসন্তবাতাস হয়ে ছুঁয়েছিলি এ দেহ; আমি পাথরের প্রাণ, গলে জল হয়ে হিমবাহ অভিসারী। হিমযুগ হতে জন্মান্তরের অভিলাষ—প্রেম পাব বলে নতজানু। অথচ ইন্দ্রের সভায় এ কোন নাচ দেখালি? আমার হাতের মুদ্রায় উলটি-পালটি আমারই হৃদয় ফস্কে গিয়ে নিজেই চলতে থাকে।

উদ্ভ্রান্ত বৃষ্টি শুরু হলে তোর পায়ের গন্ধ পাই। মরকতকুঞ্জ তো আমার নেই, কবে তা নিয়ে গেছে কালিন্দী যুবক। বিদেহী প্রাণ নিয়ে তোকে আঙুলে ছুঁই, পিছলে যাই ত্বক বেয়ে। তুই শিউরে উঠে ঝকমকি ছোরায় আঘাত হানিস আমার জিভে। রক্তরাঙা সে জিভ তোর পায়ের পাতায় একাকী মেঘমল্লার গায়। ভালোবাসা যন্ত্রণা দেয়, ভালোবাসা যন্ত্রণা ভুলায়—এই আপ্ত বাক্যে বিশ্বাসী আমি কোনও দেবশিশু নই, সন্ত নই। কখনো রত্নাকর হয়ে সাধ করে ভল্লা দিয়ে গেঁথে নিই তোর হৃদয়, কখনও ইন্দ্র হয়ে প্রতারণা করি। দেহ তো প্রেম নয়, প্রেম কি কেবল দেহ? এ মীমাংসার ভার নিক ভরতমুনি। আমি চার্বাকের চেলা হয়ে খুঁজে ফিরি জ্যোৎস্না অভিসারে চোখের কাজল, পায়ের আলতা, শরীরের মসলিন— তোমার তুমিকে।

যেভাবে আজ

"পদাবলী আমার সবচেয়ে প্রিয়" এই কথা বলে আনত নির্ভর চোখে চেয়েছিল যে মেয়ে, তার চোখের মণি আজ হোয়াটস্ অ্যাপ ডি.পি। আমি ভ্রষ্ট কানাই হতে পারিনি বলে রাতারাতি থানা গাড়ি ইন্দ্রপ্রস্থে। আমার গাণ্ডবি ভার কাকে দান করব? আমার তো কোনও সখা নেই। ছিল না, কোনও দিন, যে আমার উদ্ধত উচ্চারণ গর্জে উঠবে – "মামেকং শরণং ব্রজ"। ব্রজের সেই দিন মনে পড়ে মানিনী? তুমি অভিসারী হতে চেয়ে কুঞ্জবন। আমি যুগপৎ সংকেত ও সুরধ্বনি। তোমার প্রতি রন্ধ্র-বাঁক বেজেছিল অনভ্যস্ত আঙুল ইশারায়। উলটো পথের দিশায় তুমি জাঙ্গুলি তারা হয়ে আমায় নক্ষত্র দেখিয়েছিলে। তারা-খসা মাখব বলে আমি নগ্ন বিছানায় সুরকেলি করি। যদি তুমি আমার ফেসবুকে টুঁ মারো, দেখবে ম্যারিনা বিচে সতত একাকী আমি কালিন্দীর ঢেউ গুনি।

খোঁজ

এই ভালবাসা যদি এভাবে নিলাম হয় ফুটপাথ জুড়ে। তবে দু'পসারি দর হেঁকে যাবে যে যার সাধ্যি; এই ভালবাসা যদি উবে যায় হঠাৎ চৌরাস্তায়, আমি কোথায় ফানুস পাব যে ঘাড় ধরে তাকে দাফনাব শরীরে?

এই ভালবাসা যদি কন্ধকাটা হয়ে পথ খোঁজে, অলি-গলি ধাক্কা খেয়ে চলে, আমি কেমন করে জুড়বো শরীরে মাথা? এই ভালবাসা যদি জলছবি হয়ে সরে সরে যায় রঙ ও রেখায়, আমি কোথায় রাখব হাত? ভালবাসা যদি পারদের মত পিছলে যায়; ক্লান্ত মানুষ আমি আর কত দৌড়ই।

হিমনগর

তোমার শীতল স্পর্শে উষ্ণ হব বলে, অন্য এক যুগের সঞ্চিত হিমবাহ থেকে উঠে এসে দেখি পৃথিবী আজও কুমারী। অথচ ধনে রঙা শাড়ি কখনো শরীর ছোঁয়নি—এই আর্তি করেছিলে যে শ্রাবণ সন্ধ্যায়; অগণিত বারিধারা কোনও আশীর্বাদ হয়ে ঝরেনি তোমার কাদা মাখা উঠোনে। আজও সশব্দ রাত্রি কেবল তারা-খসা ও পোড়া পেট্রলে মাখামাখি। স্তব্ধতার ধ্বনিরহস্য ইথারেরও জানা। তাই ধীরে ধীরে মিটে যায় রেশ। করপেটের বন্যরাত্রি বারবার ফেরে না জীবনে। পোড়া সিগারেটের অর্ধেকটা বুটেতে মাড়িয়ে শিকারী ওৎ পাতে আরও দূর অরণ্যে। তখনই হিমযুগ নেমে আসে; এ পৃথিবীর কায়া আর মায়া তুষারকেই সত্য মানে। অথচ কি করে ভুলে গেলে তুমি—এই ব্যস্ত শহরেই হাত ধরে হেঁটেছিলাম কয়েক আলোকবর্ষ পথ।

সখা

কাল রাত ছিল নিকষ কালো, নইলে এমন তারা
খসা—
বলা আছে, নক্ষত্র পরিচয়ে হেমন্তের কালদোষে
যেভাবে ঘষা লাগে দু'জনে
কৃষ্ণগহ্বর পেরিয়ে দু'এক মুঠো ছাই পৃথিবীর
বুকে মাথা রাখে।
ভ্রষ্ট পথিক আমি, হাতে তুলে ছাই হৃদয়ে বুলাই;
গভীর মমতায় বলি—
পাসনি বুঝি কোনও পবিত্র ঠাঁই, তোরই সহোদর
আমি,
আয় তোকে হৃদয়ে জমাই।

হীরক মাছি

আমি খুন করেছি হীরক মাছি। তার রক্তে চান
করে বাসরে গেছি। যে বাসর শ্মশান চিতায়।
"বাসাংসি জীর্ণানি যথা বিহায়"- এই উবাচ দেওয়া
ঋষি যদিও আমার পূর্বজ রক্ত, আজ অস্বীকার
করে গেছি অনায়াসে। শুন নগরনারী, এ কোনও
কল্পকথা নয়, আমার হাড়ে কত যে ইন্দ্র অধিপতি
আর ভানুমতীর খেলা খেলেছি কতবার। আমার
ঘিলু আর মজ্জা বারংবার অসুর সেনার গর্ভিণী,
কথা শোনো বিদেহী বা অপলা, অমরাবতীর সুরা
হ্রদে কেলি একমাত্র সত্য নয়, কারণ বাসে আমার
পা হড়কায়, ট্রেন আমায় চাকায় নেয়। তবু,
একান্ত অনুগত প্রাণ নিয়ে ক্রমাগত হত্যা করি
হীরক মাছি, তার রক্তে চান আর বাসর শ্মশান
চিতা। শোনো, ঘিলু আর মজ্জার কাহিনী। প্রান্ত
থেকে প্রান্তবাসী কোন প্রেমকথা শোনাবে আমায়?
জল বোঝ, জল? আলো? দেখেছো কখনো?
দেখেছো কখনো নিজের ত্বকে ঘুম ভাঙা চোখে
ছুরি চালিয়ে? এমত রক্তের ছলাক? পান করাতে
পারবে আমায়? তবে যে বলেছিলে, অমারাত্রে
স্বাতীর মতো জলসিক্ত করবে আমাকে?

দোল

রঙ খেলে কী হবে আমাদের? দেহগুলো যখন
বিবর্ণ, ঘোলা চোখগুলো কেবলই গঙ্গা জল।
মনগুলো দুমড়ে মুচড়ে গত রাতের অভ্যস্ত
হেঁসেল। রঙ খেলে আর কী হবে? শরীর জোড়া
মেদ আর মাংস। হাড়ে ভানুমতীর খেলা কই?
রক্ত-মদমত্ত চিৎকারে, শ্লোগানে চত্বর ভরপুর।
বৃদ্ধ বৃক্ষের মতো আজকাল ঘুণ ধরা হাত-পায়ে
যাই। খোলা চুল, চুলের সুবাস তোলপাড় করে
কই? যে মরণে মরেছি প্রতিদিন, প্রতি পল-
অনুপল, সেই পবিত্র মরণ কই? চর্মরোগের মিথ্যা
উবাচে যে দেহ বাঁচিয়ে রাখতে, প্রথম রাঙাবো
বলে, আজ সেখানে রঙ তল পায় না। এত রঙ
কেন? রঙ? এত বিবর্ণ? তবে যে বলেছিলে,
আগামী ফাল্গুনে রাঙ্গাবো নিজেকে তোমার হাতে?

ফানুস

অমাবস্যার রাতের জ্বলন্ত ফানুস আমার দেখতে
খুব ভালো লাগে। সূচীভেদ্য অন্ধকারে হেলেদুলে
লণ্ঠনের মতো হলুদ আলোর বার্তা নিয়ে উড়ে যায়
আকাশের ডাকঘরে। সেই আলো আমাকে ছুঁইয়ে
বিরহের উত্তাপ নিয়ে সরে যায় দৃষ্টিসুখের বাইরে।
নিভেও যায় একসময়। আসলে, সবই তো নেভে।
তবু তার আগে অন্ততঃ একবার আমারই হাড়ে
গচ্ছিত সব ফসফেট, অ্যামোনিয়া একজোট করে
জ্বলে উঠবো। আলো দিব, প্রেম দিব, ভালবাসা
দিব। তারপর না হয়, নিভে যাব একেবারে।

বহুবচন

বয়স বাড়ছে আজকাল। চোখে চালশে। খাবার আগে ও পরে ওষুধ। পথচলতি সম্বোধন দাদা থেকে কাকুতে বদল।

তোমার বয়স তো ততটাই হলো। তোমার চুল কি পাক ধরা? তিনতলার সিঁড়ি ভাঙতে হাঁফ ধরে নাকি? আর অষ্টমীর রাতে এখনও কি আঠাশটা মণ্ডপ ঘোরো ? তোমার সেই পোকা খাওয়া দাঁতটা কি কষ্ট দেয় এখনও?

আমাদের সম্পর্কটাও যদি সেদিন বেঁচে যেত?

কতদিন হল দেখিনি তোমাকে!

মনে পড়া

তোমার জন্যই সবকিছু। আমার উঁচু-কলার কুর্তা, আর জিন্স। চোখেতে রিমলেস চশমা। সেদিন সন্ধ্যায় আমি যে নীল রঙের মাফলার গলায় জড়িয়েছিলাম, তোমার পছন্দের রঙ বলেই। চা-টা আমি আদা দিয়েই ফোটাই। শনিবার তোমার পড়ার টেবিলে একগুচ্ছ অর্কিড সাজিয়ে দিয়েছিলাম, আর ফাউন্টেন পেন কালও কিনেছি। এসবই তুমি পছন্দ কর বলে। ভবিষ্যতের কথা ভেবে আমি দুটো এফ ডি, আর তিনটে এল আই সি করিয়েছি। আর শোনো, হাসবে না কিন্তু, আমি সিগারেটটা ছেড়ে দিয়েছি।

কাল ১৩ই বৈশাখ। শুধু তুমি নেই।

হৃদয় আমার

হৃদয়ের কথা শুনবো বলে কান পাতি,
বাঁ'বুকের কনা থেকে সে ভাসিয়ে দেয় বারতা।
আমি হাত রাখি বুকে, শুধাই –"কেমন আছিস?
কি খবররে তোর?"
হৃদয় আমার কেঁপে ওঠে, যেন বুকের চামড়া ভেদ
করে বেরিয়ে আসতে চায়।
খোলা হাওয়ায় একবার।
যেন প্রথম ভালবাসার আনন্দ, যেন প্রথম
বড়বেলার কান্না,
যেন প্রথম হননের ইচ্ছে, যেন প্রথম মুক্তির
স্বাদ...
আমার কান্নাভরা হৃদয়, আমার চিরবন্দী হৃদয়,
ভালোবেসে বলি—
"কত পলি জমলে পরে পাথর হবি তুই?"

আশ্বিনে

কিছু ভালবাসা গোপনে থাকাই ভালো, কিছু বৃষ্টি
মেঘের আড়ালে থাকে
রক্ত যেভাবে হৃদ ছুঁয়ে ছুঁয়ে যায়, ঘণ্টা বাজলে
বাড়ি ফেরার পথে
আলুভাতে জীবন তবুও কাটে, কৈশোরে দেখা দুই
বেণী—লেডি বার্ড...
কিছু ব্যথা শুধু ন্যাপথালিন মেখে, ঘুমে থাকে
শতবর্ষ জুড়ে
তবুও সময় শুধু ছুটে ছুটে চলে, জীবনশৈলী
সমাজ মাধ্যমেতে
কিছু কান্না আজীবন ঢাকা থাকে, চওড়া হাসি
লেপটে নেওয়া মুখে

স্বপ্নের ভালবাসা

মাকড়শার জালের মতো স্বপ্ন সে সব। পুরনো সিন্দুকের রকমারি কাপড়। নরম ঠাণ্ডা হাত গালে রেখে বলে, "তোর কি জ্বর?" আমি একহাজার তাজমহল গড়তে পারতাম, যদি ঐন্দ্রিলার হাত আমার কপাল থেকে বুক স্পর্শ করতো।

স্বপ্নের হাতে নিজেকে সঁপা বড় নিরাপদ। স্বপ্নরা তো বিদেহী। মাতৃ জঠরের নিকষ অন্ধকার আমায় শান্তি দেয়। চামড়ার পুরু আস্তরণ ওম দেয়। চোখে জ্বালিয়ে দেয় কোটি-হীরক-দ্যুতি। তবু স্বপ্নরা সব খেই হারা।

তেমন পরিণত নাই বা হলাম, না হয় সাধারণই। তবু এ হৃদয়ও তো কাঁপে, শিহরণ জাগে। শবরী তো বলেছিল, "তোমার আমার মধ্যে ঘড়ির কাঁটা নিশ্চুপ, জেগে থাক শুধু সমুদ্রধ্বনি"।– এ বার্তা দিয়ে স্বপ্নের দল নিজেকে মেলে দেয় আমার উপর। ভিজে শরীর শুকায় বুকের তাপে। এভাবেই স্বপ্নরা... আমি ও আমি স্বপ্ন হয়ে উঠি। এখন অনায়াসে মধ্যরাত্রে কোনও সুন্দরীকে শুভরাত্রি চুমু খেতে পারি। খোলা রাস্তায় ষাঁড়ের

সঙ্গে ব্যালে নাচতে পারি। পুরো আকাশে ভালবাসার পোস্টার সেঁটে দিতে পারি। যা দেখে পৌলমী শেষ রাতের তারাকে সাক্ষী রেখে বলতে পারে, "ভালবাসি তোকে"।

প্রেম

মিতা ছিল আমার ছেলেবেলার বন্ধু, আর পাঁচজনের সঙ্গে মধুদির কাছে আমরা অংক কষতে যেতাম। একদিন দত্তদের বাগানের সবচেয়ে রঙিন ঝুমকো ফুলের গোছা চুরি করে মিতাকে দিই। হেসে ওঠে মিতা। বলে, "তুই খুব ভালো ছেলে। আমায় কি সুন্দর ফুল দিলি"। সেদিন আমি অনুভব করি বুকের মধ্যে একসঙ্গে দশটা হাতুরি পেটার শব্দ। গঙ্গা-যমুনা পেরিয়ে এসে আজ বুঝি—ওকেই ভালবাসা বলে।

এপিটাফ

১

আলো-আঁধারে আমি তন্দ্রার কাছে যাই। সঁপে দিই নিজেকে। শর্তহীনভাবে। আচ্ছা, মৃত্যু কি কিছুটা ঘুমের মতোই? তবে যে মানুষ বলে, "লোকটা বিছানাতেই চলে গেলো"। অথবা যারা ঘেও কুকুরের মতো মরণকে মেনে নিতে বাধ্য হয়। কোনও তফাৎ পাও কি? মৈথুনকালেও আমি মাঝে মাঝে অফিসের ব্যালেন্স সিটের হিসেব মেলাই। পৌঁছে যাই গহীন আঁধারের মাঝে। যম-নচিকেতার সংলাপ কোনও দিশা দেয়নি। আমি বিছানাকে সমুদ্র আর মশারিকে মাস্তুল ভেবে লুটোপুটি খাই। অন্তদেশের যাত্রাপথের প্রথমটা কষ্টের হলেও পরে শতসূর্যের পেলব আলো। বর্ণালীর ছটা। আমি সেই রঙে দোল খেলবো বলে স্বপ্নের কাছে যাই।

অথচ আমার ঘুম আসে না। শেষ জলপিডামটাও আমি সন্ধ্যারাতে খেয়ে ফেলেছি।

২

ইচ্ছে করে কথা বলি, ইচ্ছে করে খুলে দিই সব অর্গল, কপাট আর ছিটকিনি। ইচ্ছে করে শতাব্দী ধরে, তাকিয়ে দেখি তোর নাকছাবি। ইচ্ছে করে পাশাপাশি বসি, দামোদর বালির পাহাড়, পড়ন্ত বিকেলের রোদ মাখিয়ে দিই তোর মুখে। এ মাহভাদর, খেলত হরি, কৃষ্ণ মুরারী। ইচ্ছে করে ব্রিজ কাঁপিয়ে-চলা উনিশ বছরের বাইক সওয়ারী সঙ্গে বদলে নিই নিজেকে। ইচ্ছে করে, লাল রুমালে মরুভূমির ষাঁড়কে বোকা বানিয়ে উপহার দিই সে রুমাল তোকে। ইচ্ছে করে বারবার কপটচারিতা করি আইহনকে। আর, বর্ষাভিসার সঙ্কেতকুঞ্জ; নষ্ট আমি তোকে ছারখার করি। ইচ্ছে করে, দু'চারটে ব্যাঙ্ক ডাকাতি করে তোকে নিয়ে ব্যঙ্গক যাই। নিদেনে তিনরাত দুই দিন মানালির হোটেল যাপন। বাজেট ৩৬ হাজার। ইচ্ছে করে, ঘৃণা করতে; ইচ্ছে করে, খুন করতে। ধীরে ধীরে রক্ত চুষে নিজের রক্ত তোর জন্য উন্মুখ করতে। শীতের সন্ধেয় তোর হাত ধরে পথ চলতে ইচ্ছে করে, নিজের অসুস্থ হৃদয় তোর হাতে দিয়ে কবরের নিশ্চিত ঘুমকে ডেকে নিই।

৩

বললেই হল, নেই? বললেই হল, চলে গেছি? না হয়, সাড়ে-তিন-হাত জমিতে চল্লিশজনের সঙ্গে শুয়েই থাকবো অনাদি-অনন্তকাল। তা বলে চলে গেলামটা কবে? না হয়, আমার হাড়-মাটি... মাস-ধুলো... এখানেই তো আছি... এই পৃথিবীতে। বড় মায়াময় তুই, বড় ভালবাসার। পারদের মতো পিচ্ছিল প্রাণ পেয়েও যেতে পারলাম কই? দু'হাতের মুঠোয় চেপে যে বলেছিলি ভালবাসার কথা, অঙ্কুরের কথা। দমকা বাতাসের মতো ঘুরে ফিরি তোর চারপাশ। অসহায়ভাবে ছুঁতে চাই তোকে। বিদেহী যক্ষের মতো পেতে চাই। সেদিনের যে হাওয়া তোর চুল নিয়ে খেলেছিলো লুকোচুরি, বুঝতে পারিসনি? বললেই হলো, চলে গেলো মানুষটা!